NOUVEL ATLAS DE Géographie moderne,

en 24 feuilles.

PUBLIÉ

par **ENGELMANN** père & fils

à Mulhouse 1835.

Haut-Rhin.

NOUVEL ATLAS

DE Géographie moderne,

en 24 feuilles.

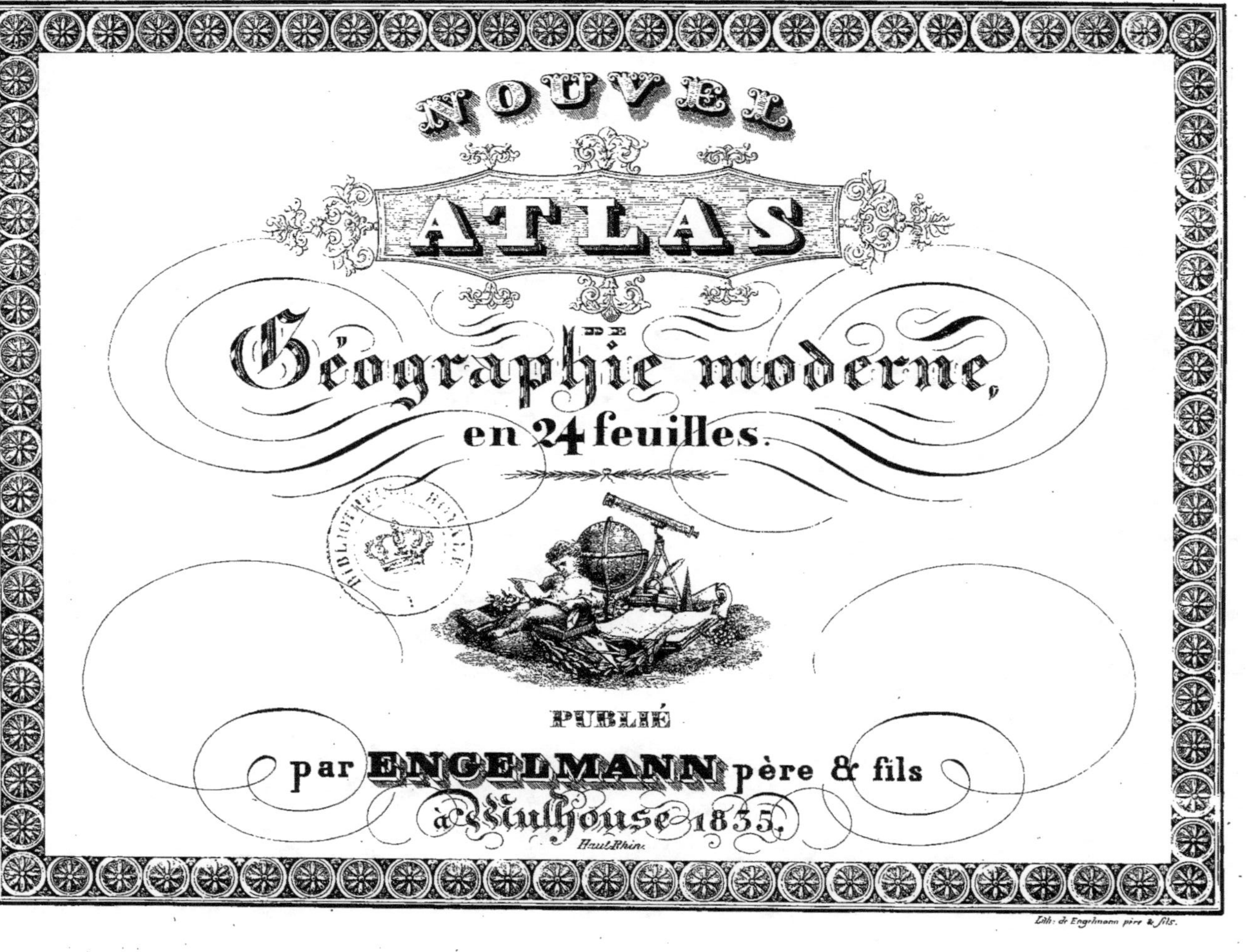

PUBLIÉ

par **ENGELMANN** père & fils

à Mulhouse 1835.

Haut-Rhin.

Ordre systématique des feuilles qui composent cet Atlas.

Lith. de Engelmann pè r et de fils.

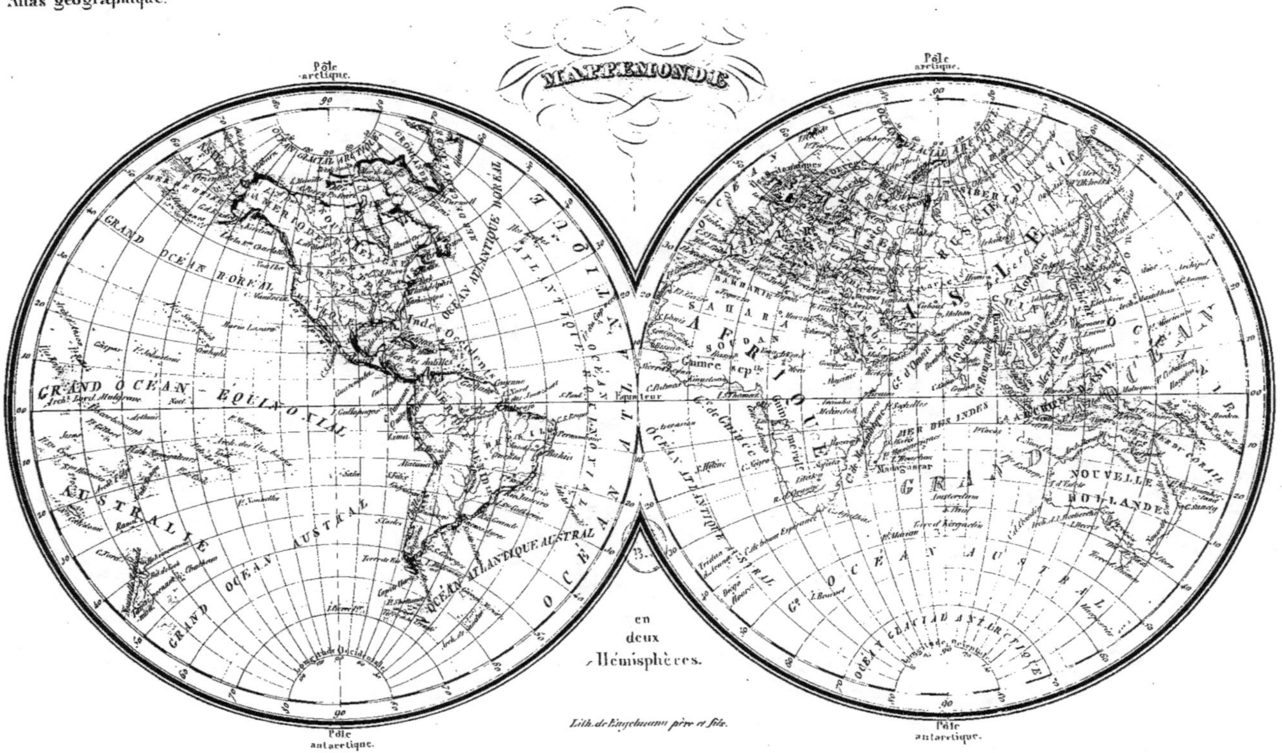

MAPPEMONDE

en
deux
Hémisphères.

Lith. de Engelmann père et fils.

Pôle
arctique.

Pôle
arctique.

Pôle
antarctique.

Pôle
antarctique.

GRAND OCÉAN BORÉAL

OCÉAN GLACIAL ARCTIQUE

AMÉRIQUE

GRAND OCÉAN ÉQUINOXIAL

OCÉAN ATLANTIQUE BORÉAL

OCÉAN ATLANTIQUE

AUSTRALIE

GRAND OCÉAN AUSTRAL

OCÉAN ATLANTIQUE AUSTRAL

OCÉAN ATLANTIQUE AUSTRAL

OCÉAN GLACIAL ANTARCTIQUE

OCÉAN GLACIAL ARCTIQUE

SIBÉRIE

ASIE

AFRIQUE

Guinée sep.ᵗ

SAHARA

BARBARIE

MER DES INDES

Madagascar

GRAND OCÉAN

NOUVELLE
HOLLANDE

OCÉAN AUSTRAL

Équateur

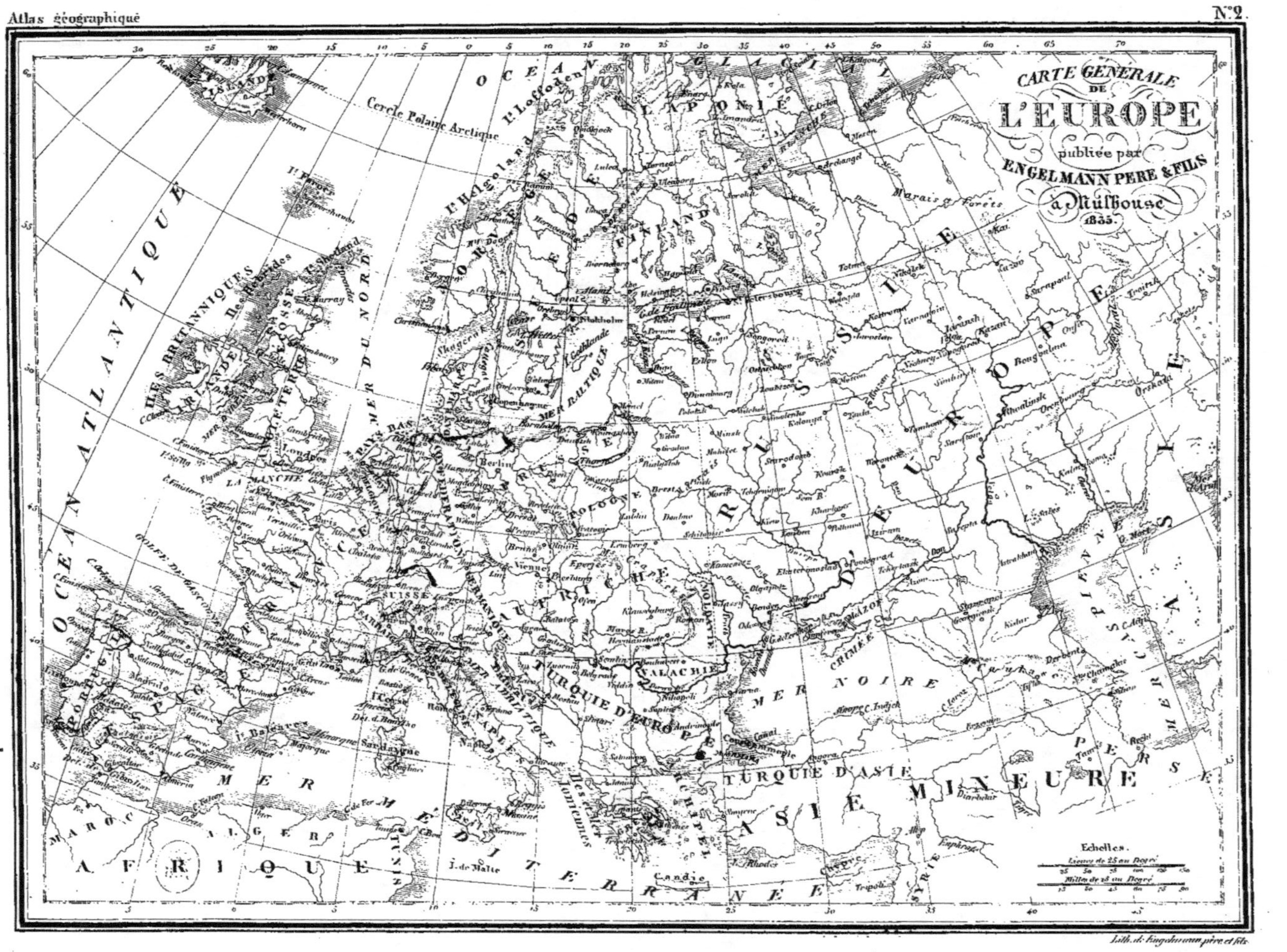
CARTE GENERALE
DE
L'EUROPE
publiée par
ENGELMANN PERE & FILS
a Mulhouse
1835
OCEAN ATLANTIQUE
OCEAN GLACIAL
Cercle Polaire Arctique
ISLANDE
LAPONIE
NORVEGE
FINLAND
ILES BRITANNIQUES
IRLANDE
ECOSSE
ANGLETERRE
MER DU NORD
MER BALTIQUE
RUSSIE D'EUROPE
PRUSSE
FRANCE
SUISSE
AUTRICHE
POLOGNE
LA MANCHE
PAYS BAS
CONFEDERATION GERMANIQUE
Paris
Londres
Berlin
Vienne
Dresde
GOLFE DE GASCOGNE
PORTUGAL
ESPAGNE
ITALIE
MER ADRIATIQUE
NAPLES
Sardaigne
Majorque
TURQUIE D'EUROPE
VALACHIE
MER NOIRE
CRIMEE
MER CASPIENNE
PERSE
MER MEDITERRANEE
Candie
J. de Malte
Iles et mer Ioniennes
ARCHIPEL
TURQUIE D'ASIE
ASIE MINEURE
SYRIE
MAROC
ALGER
TUNIS
AFRIQUE
Echelles.
Lieues de 25 au Degré
Milles de 18 au Degré

OCÉAN ATLANTIQUE
MER MÉDITERRANÉE
Golfe de Gascogne
Golfe de Lion
Iles Baléares
Carte
DE L'ESPAGNE
et du
PORTUGAL.
Publiée par ENGELMANN père et fils
à MULHOUSE
1835
Echelles
Lieues de France de 25 au Degré
Lieues Marines de 20 au Degré
MADRID
LISBONNE
Minorque
I. Majorque
Ivice
Oviedo
Santander
S. Sebastien
Bayonne
Perpignan
Toulouse
Leon
Burgos
Palencia
Valladolid
Saragosse
Barcelone
Tarragone
Avila
Guadalaxara
Cuenca
Castellon
Toledo
Valence
Ciudad Real
Badajoz
Seville
Jaen
Grenade
Cadix
Malaga
Détroit de Gibraltar
Ceuta
Tanger
R. Alboran
C. de Gate
C. Palos
Palma
Oporto
Braga
Salamanque
Lagos

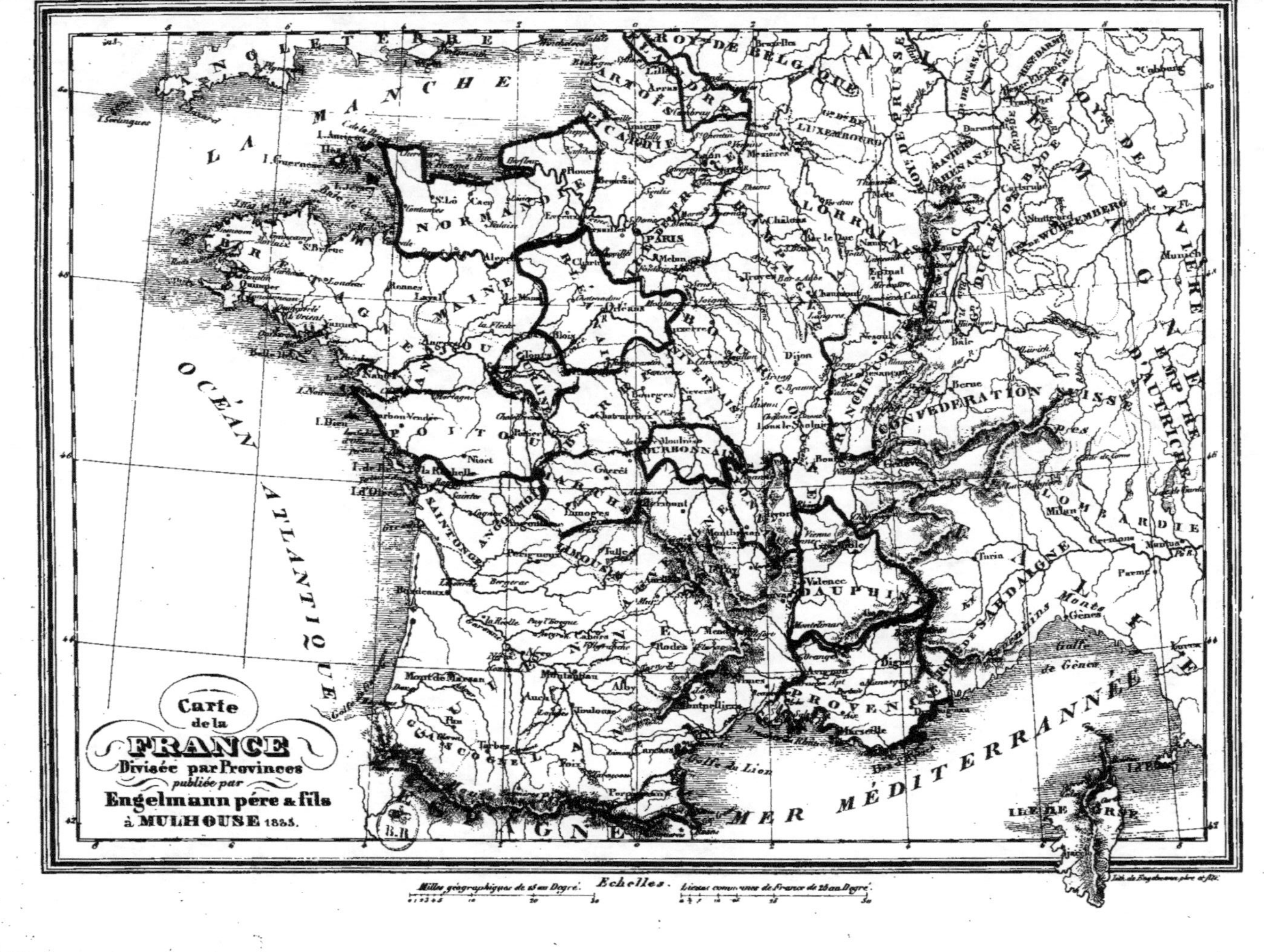

Carte
de la
FRANCE
Divisée par Provinces
publiée par
Engelmann pére & fils
à MULHOUSE 1835.
Milles géographiques de 15 au Degré.
Echelles.
Lieues communes de France de 25 au Degré.
Lith. de Engelmann père et fils.
ANGLETERRE
LA MANCHE
OCÉAN ATLANTIQUE
MER MÉDITERRANNÉE
ROY. DE BELGIQUE
ROY. DE PRUSSE
ROY. DE BAVIÈRE
EMPIRE D'AUTRICHE
CONFÉDÉRATION SUISSE
ROY. DE SARDAIGNE
LUXEMBOURG
DUCHÉ DE BADE
WURTEMBERG
LOMBARDIE
ESPAGNE
NORMANDIE
PICARDIE
ARTOIS
FLANDRE
LORRAINE
MAINE
BRETAGNE
ANJOU
POITOU
SAINTONGE
ANGOUMOIS
GUYENNE
GASCOGNE
LIMOUSIN
MARCHE
BOURBONNAIS
BERRI
NIVERNAIS
BOURGOGNE
CHAMPAGNE
ALSACE
FRANCHE COMTÉ
LYONNAIS
AUVERGNE
DAUPHINÉ
PROVENCE
LANGUEDOC
ISLE DE FRANCE
ILE DE CORSE
PARIS
Rouen
Caen
S.t Lô
Alençon
Laval
Rennes
Quimper
L'Orient
Vannes
Nantes
Angers
Tours
Blois
Orléans
Chartres
Melun
Troyes
Dijon
Bourges
Nevers
Moulins
Niort
La Rochelle
Saintes
Angoulême
Limoges
Tulle
Bordeaux
Mont de Marsan
Auch
Pau
Tarbes
Foix
Toulouse
Montauban
Albi
Rodez
Carcassonne
Perpignan
Montpellier
Nismes
Avignon
Marseille
Valence
Grenoble
Montélimar
Digne
Chalon
Bar le Duc
Chaumont
Épinal
Metz
Mézières
Reims
Amiens
Arras
Munich
Gênes
Turin
Milan
MER MÉDITERRANNÉE

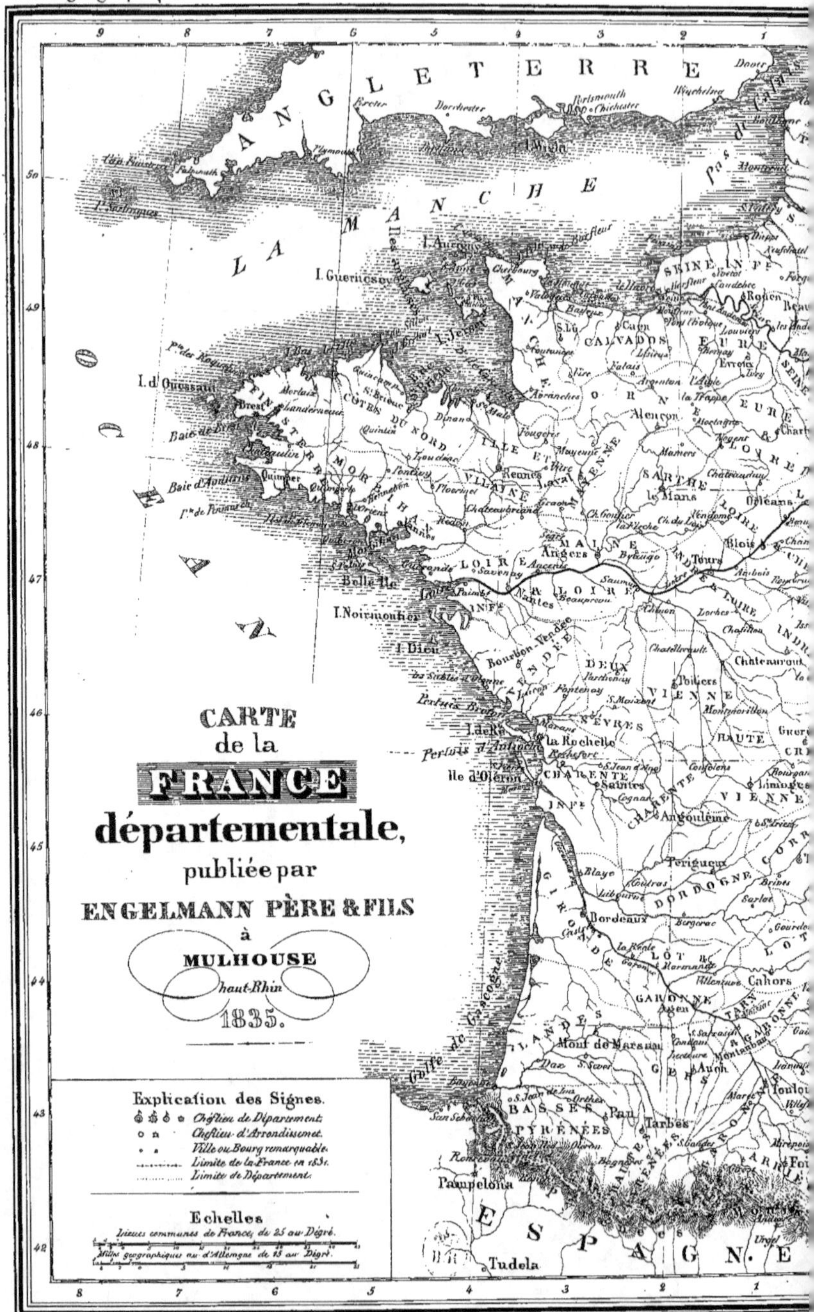
CARTE
de la
FRANCE
départementale,
publiée par
ENGELMANN PÈRE & FILS
à
MULHOUSE
haut-Rhin
1835.
Explication des Signes.
Chefslieu de Département.
Chefslieu d'Arrondissemet.
Ville ou Bourg remarquable.
Limite de la France en 1831.
Limite de Département.
Echelles
Lieues communes de France, de 25 au Degré.
Milles géographiques ou d'Allemagne de 15 au Degré.
ANGLETERRE
LA MANCHE
OCEAN
ESPAGNE

Lith. de Engelmann père et fils.

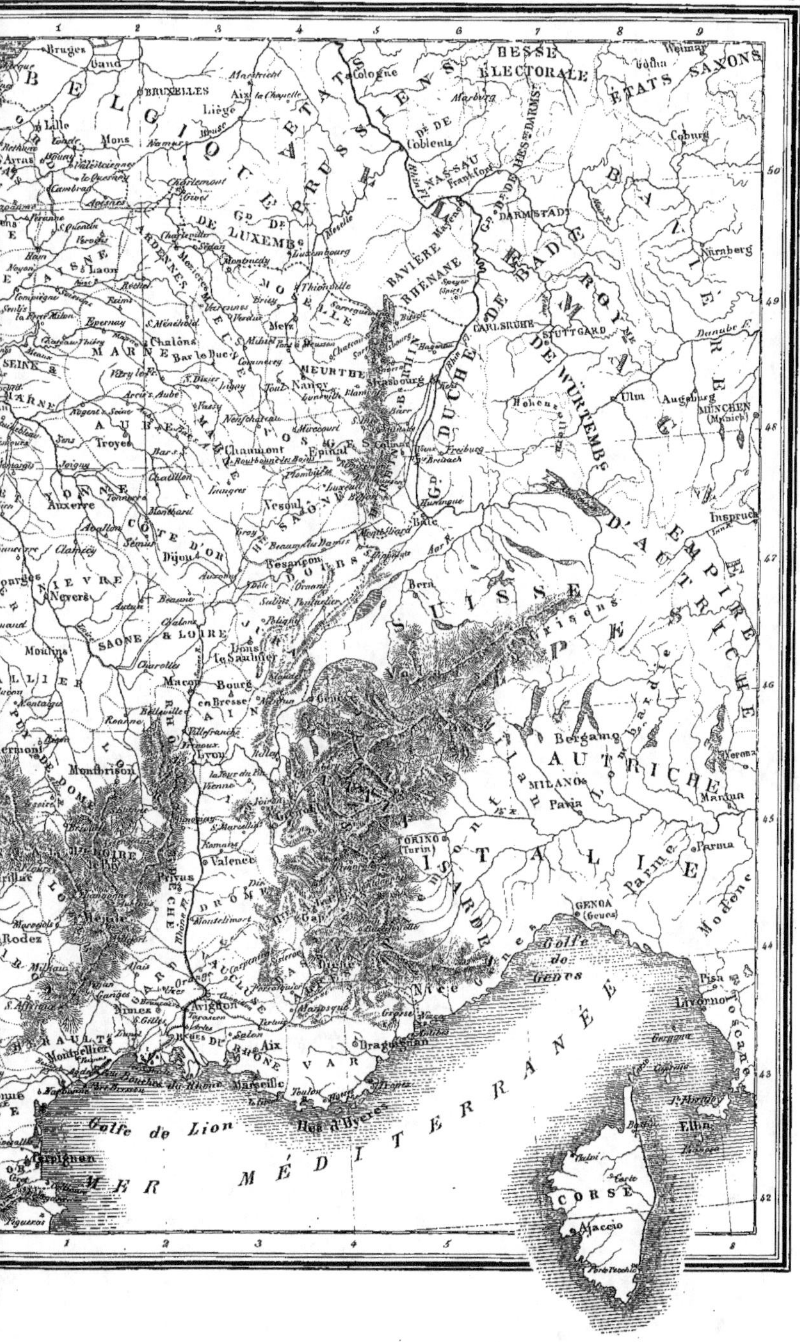
BELGIQUE
Bruges
Gand
Lille
BRUXELLES
Maestricht
Aix la Chapelle
Cologne
ETATS PRUSSIENS
HESSE ÉLECTORALE
Marbourg
ÉTATS SAXONS
Weimar
Gotha
Coburg
Mons
Namur
Liège
Meuse
Dé DE Coblentz
NASSAU
Frankfort
Gr DE HES-DARMS.
DARMSTADT
Nürnberg
Gd DE LUXEMBg
Luxembourg
BAVIÈRE RHÉNANE
Spire (Speyer)
DUCHÉ DE BADE
Mayence
CARLSRUHE
STUTTGARD
ROYme DE WURTEMBg
Danube F.
BAVIÈRE
MOSELLE
MEUSE
Thionville
Metz
Strasbourg
Ulm
Augsburg
MÜNCHEN (Munich)
MEURTHE
Nancy
Lunéville
Barr
Colmar
Freiburg
Hohenzollern
VOSGES
Épinal
Huningue
Bâle
Inspruck
MARNE
Chálons
Bar le Duc
Commercy
Toul
SEINE &
Troyes
Chaumont
Vesoul
Bern
SUISSE
EMPIRE D'AUTRICHE
YONNE
Auxerre
CÔTE D'OR
Dijon
Besançon
DOUBS
Ornans
AUTRICHE
Grisons
NIÈVRE
Nevers
SAONE & LOIRE
JURA
AIN
Macon
Bourg en Bresse
Bergame
MILANO
Pavia
Verona
Mantua
ALLIER
Roanne
Villefranche
Lyon
PIÉMONT
LOMBARDIE
Montbrison
Vienne
ISÈRE
TORINO (Turin)
ITALIE
Parma
Parme
Modène
LOIRE
Valence
DROME
GENOA (Genes)
Golfe de Genes
Pise
Livorno
Rodez
Millau
Alais
Nimes
VAR
Draguignan
Nice
TOSCANE
HÉRAULT
Montpellier
Bouches du Rhône
Marseille
Aix
Toulon
Iles d'Hyères
Perpignan
Golfe de Lion
MER MÉDITERRANÉE
CORSE
Bastia
Ajaccio
Elbe
Porto Vecchio

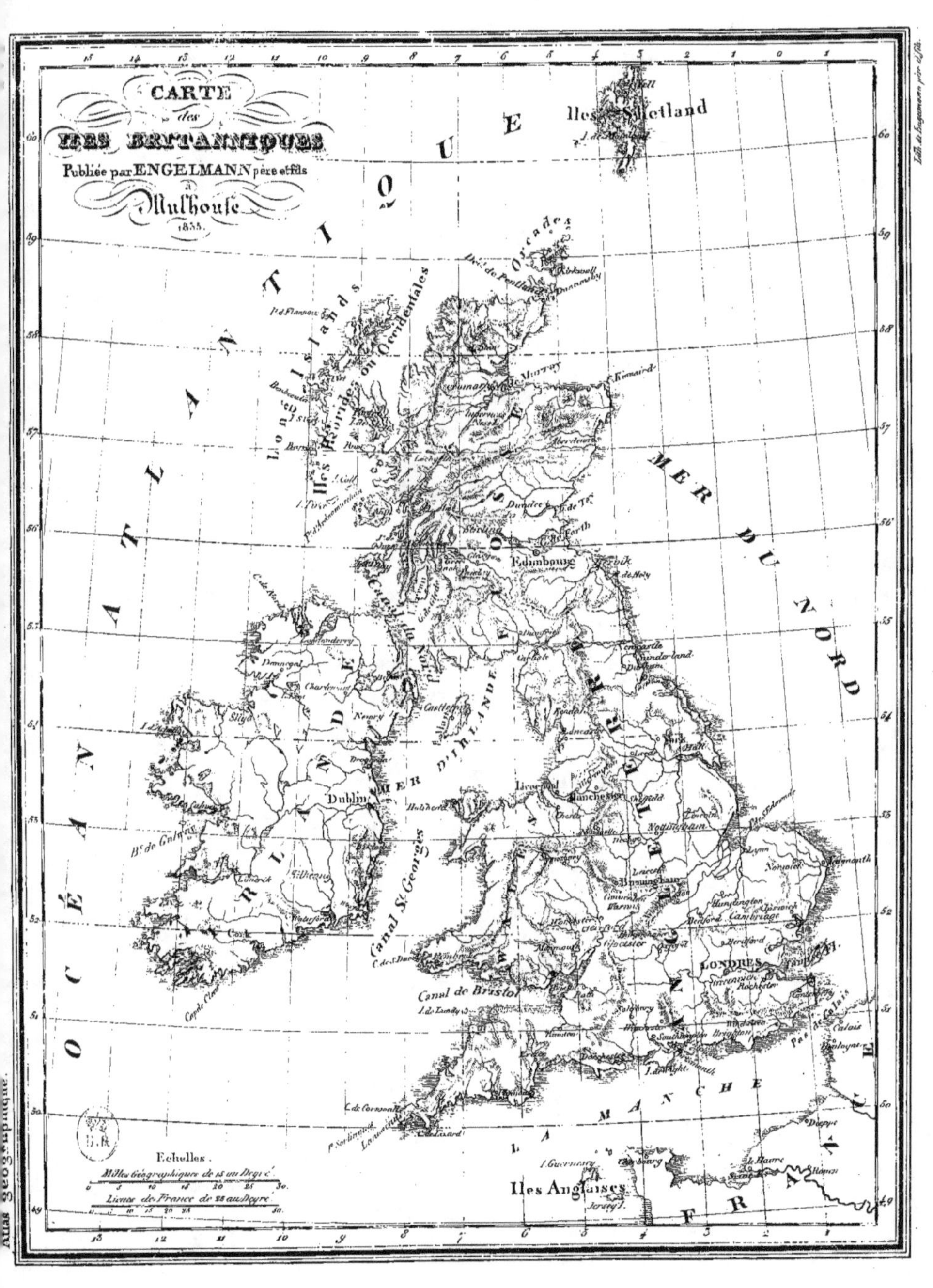

Atlas Géographique.

ISLANDE
CARTE
des Royaumes de
SUÈDE
Norwège et Danemark.
publiée par
ENGELMANN PÈRE & FILS
Mulhouse
1835.
MER GLACIALE
OCÉAN ATLANTIQUE
OCÉAN
Iles Shetland
Iles Orcades
Mainland
ÉCOSSE
ANGLETERRE
Edinbourg
MER DU NORD
Iles Faröer
Cercle Polaire
GOLFE DE BOTHNIE
Finlande
RUSSIE
NORVÈGE
SUÈDE
Christiania
Carlstad
STOCKHOLM
G. de Finland
Helsingfors
Christiansand
Skager Rak
ROYAUME DE
DANEMARK
Ile Seeland
MER BALTIQUE
PRUSSE
POLOGNE
Königsberg
Danzig
BERLIN
MEKLENBOURG
Stettin
HANOVRE
Hambourg
Oldenbourg
Brême
HOLLANDE
Holstein
Manchester
Yarmouth
Varsovie
Posen
Schwerin
Upsal
Falun
Gottembourg
Lund
Malmö
Bornholm
Cap Nord
Nordkynn
Laponie
Norrland
Drontheim
Bergen
Falun
Örebro
Norrköping
Jönköping
Linköping
Calmar
Carlskrona
Faroe

Lieues de France de 25 au Degré.
Echelles.
Milles géogr. de 15 au Degré.

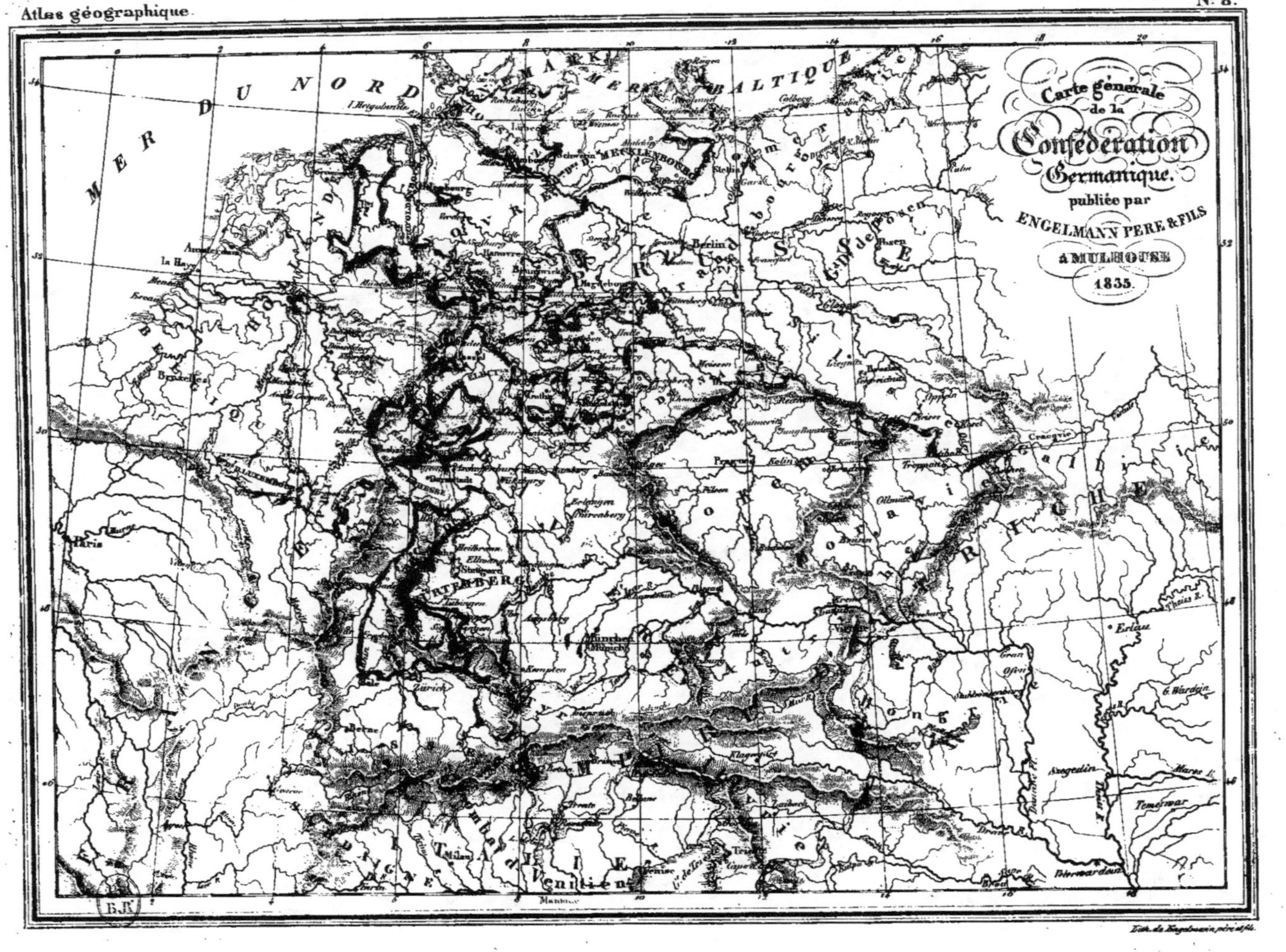
Carte générale de la Confédération Germanique,
publiée par
ENGELMANN PÈRE & FILS
À MULHOUSE
1835.
MER DU NORD
MER BALTIQUE
Berlin
Lith. de Engelmann, père et fils.

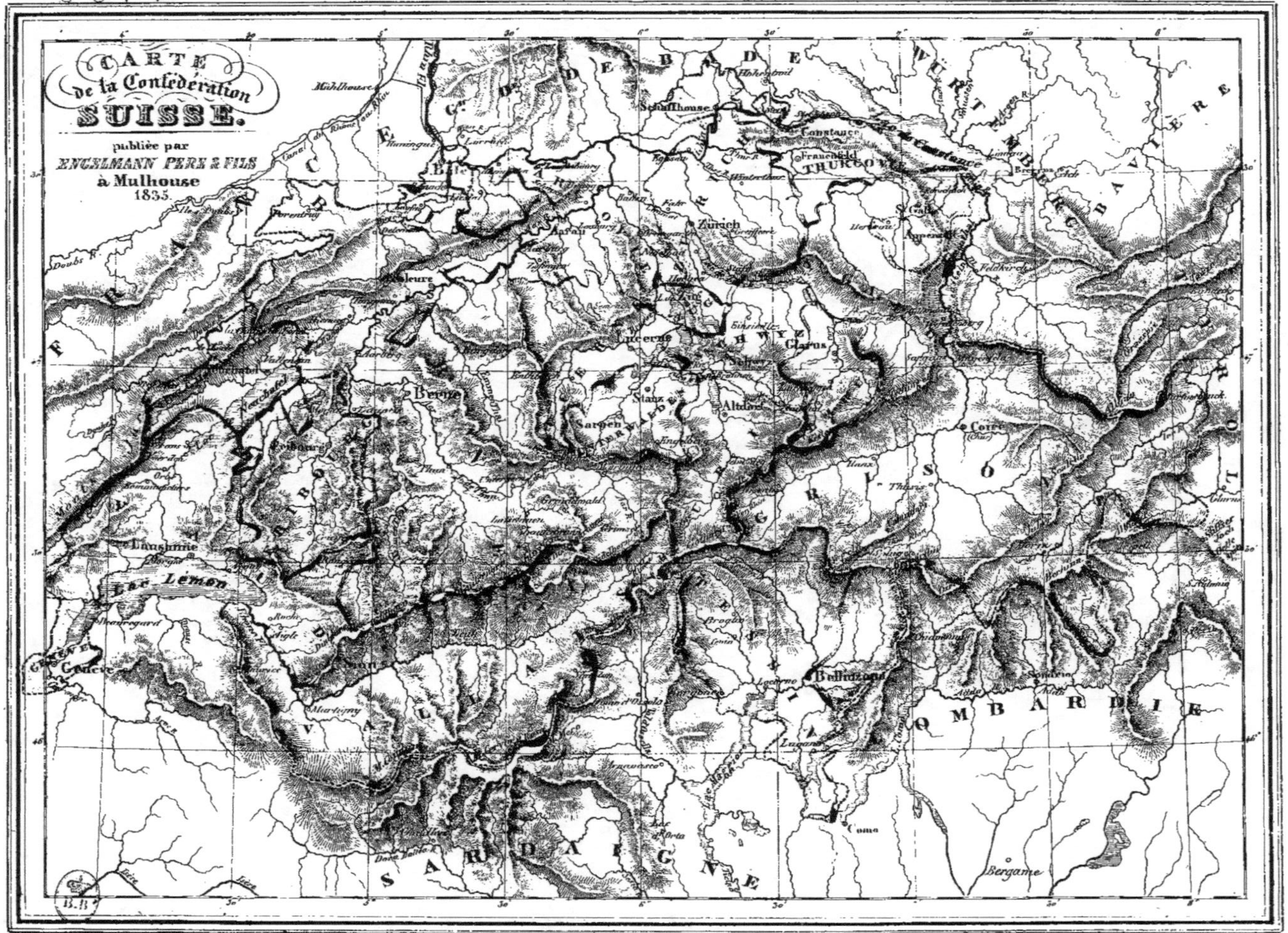

CARTE
de la Confédération
SUISSE.
publiée par
ENGELMANN PÈRE & FILS
à Mulhouse
1835.

FRANCE
DE BADE
WURTEMBERG
BAVIÈRE
TIROL
LOMBARDIE
SARDAIGNE
VALAIS
GRISONS
SCHWYZ
THURGOVIE

Mulhouse
Bâle
Porentruy
Soleure
Berne
Fribourg
Lausanne
Lac Léman
Genève
Martigny
Sion
Lucerne
Stanz
Sarnen
Altdorf
Glarus
Coire
Zurich
Constance
Francfeld
Schaffhouse
Bellinzone
Lugano
Como
Bergame

Doubs Fl.

Echelles
Lieues de France de 25 au Degré.
Milles géographique de 15 au Degré.

Lith. de Engelmann père et fils à Mulhouse

Carte générale de L'EMPIRE D'AUTRICHE
PUBLIÉE PAR ENGELMANN PÈRE & FILS à Mulhouse (haut Rhin) 1835.
WURTEMBERG
BAVIERE
SILESIE
POLOGNE
RUSSIE
GALLICIE
AUTRICHE
MORAVIE
BOHEME
VIENNE
HONGRIE
TRANSYLVANIE
ESCLAVONIE
CROATIE
ROYAUME DE DALMATIE
ÉTATS DU PAPE
MER ADRIATIQUE
Danube
Stuttgard
Munich
Linz
Prague
Cracovie
Lemberg
Czernowitz
Klagenfurt
Marbourg
Trieste
Laibach
Udine
Crajova
Widdin
Echelles.
Lieues de France de 25 au Degré
Milles d'Allemagne de 15 au Degré
Lith. de Engelmann père et fils à Mulhouse.
B.R.

MER DU NORD
CATTEGAT
SUÈDE
MER BALTIQUE
EMPIRE DE RUSSIE
I. Oland
I. Bornholm
Prusse Orientale
DANEMARK
Holstein
G.l Duc.é de Mecklembourg
HOLLANDE
HANOVRE
DUCHÉ d'OLDENBOURG
Gr. Duché de Posen
ROYAUME DE POLOGNE
Varsovie
BERLIN
Potsdam
Francfort
SILÉSIE
HESSE
ROYAUME DE SAXE
Dresde
Breslau
BAVIÈRE
EMPIRE D'AUTRICHE
Prague
Brünn
France

CARTE
du Royaume de
Prusse.
Publiée
par ENGELMANN PÈRE & FILS
A MULHOUSE
(haut-Rhin)
1835.
Echelles.
Lieues de France de 25 au Degré.
Milles géog.es de 15 au Degré.

Lith. de Engelmann père et fils à Mulhouse.

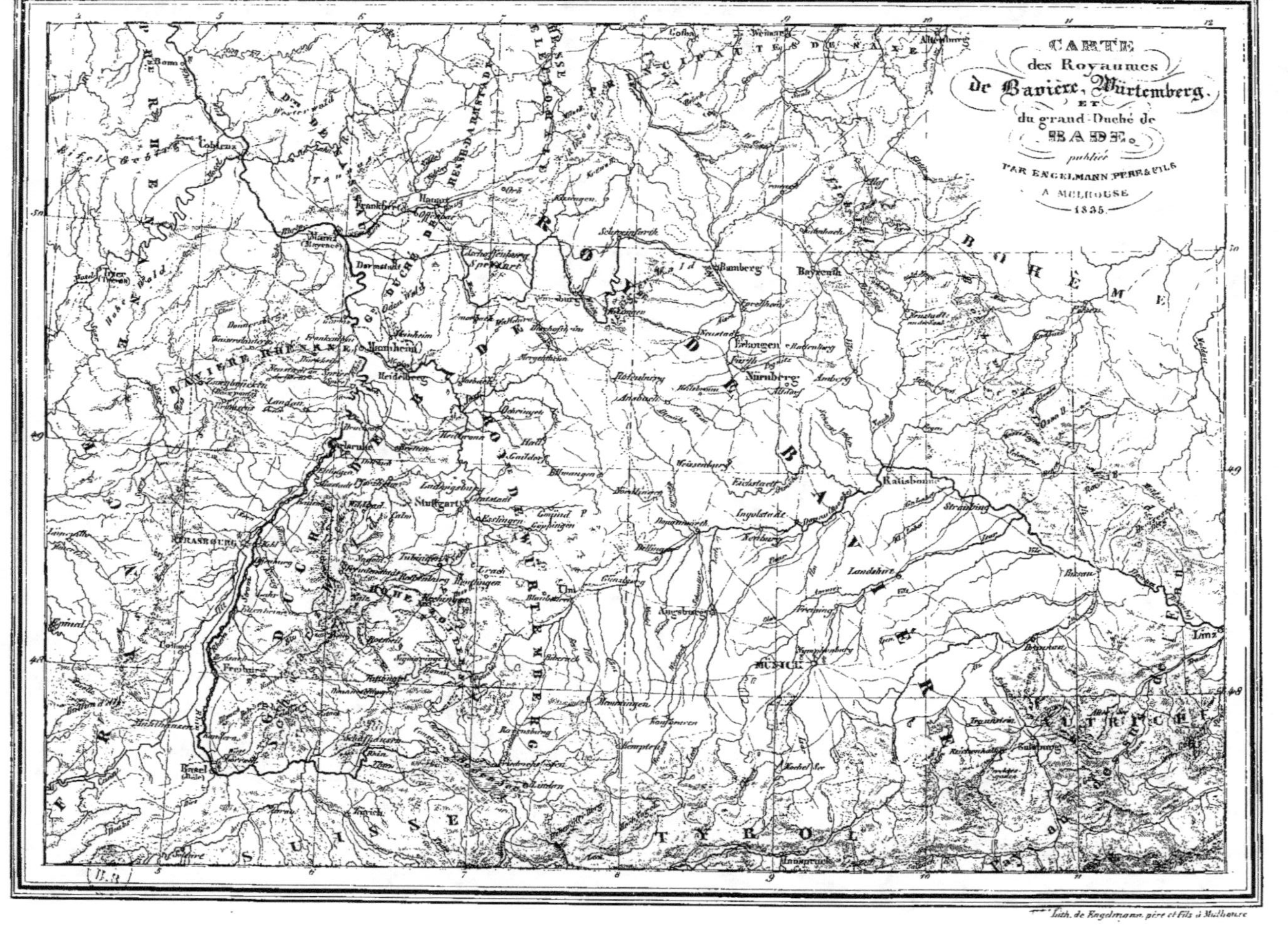

CARTE
des Royaumes
de Bavière, Würtemberg,
ET
du grand-Duché de
BADE.
publiée
PAR ENGELMANN PÈRE & FILS
A MULHOUSE
1835
ROYAUME DE BAVIÈRE
ROYAUME DE WURTEMBERG
GRAND DUCHÉ DE BADE
BAVIÈRE RHÉNANE
DUCHÉ DE NASSAU
HESSE ÉLECTORALE
PRINCIPAUTÉS DE NAXE
BOHÈME
AUTRICHE
TYROL
SUISSE
FRANCE
Francfort
Mayence
Darmstadt
Mannheim
Heidelberg
Landau
Carlsruhe
Stuttgart
Strasbourg
Esslingen
Ulm
Augsbourg
Munich
Ratisbonne
Straubing
Nuremberg
Erlangen
Bamberg
Bayreuth
Ingolstadt
Landshüt
Passau
Bâle
Inspruck
Salzbourg
Linz
Lith. de Engelmann, père et Fils à Mulhouse

Lith. de Engelmann père & fils.

N.º 14
Atlas géographique.
Lith. et Imprimerie Engelmann, père & fils.
BERNE
SUISSE
EMPIRE D'AUTRICHE
ROYe. LOMBARD VÉNITIEN
TURIN
MILAN
PARME
MODÈNE
LUCQUES
FLORENCE
Livourne
TOSCANE
MER ADRIATIQUE
Ancone
ROME
I.LE DE CORSE
Civita Vecchia
ÉTAT DE L'ÉGLISE
NAPLES
Salerne
SARDAIGNE
Iles Lipari ou d'Éole
MER MÉDITERRANÉE
SICILE
Palerme
Messine
Agrigent
Syracuse
I. Pantellaria
I. de Goze
La Valette I.le de Malte (a.1.)
Carte
DE
L'ITALIE
et d'une partie de la Monarchie
AUTRICHIENNE.
publiée par
Engelmann père & fils
à MULHOUSE 1835.
Échelles.
Lieues communes de France de 25 au Degré.
Lieues marines de 20 au Degré.

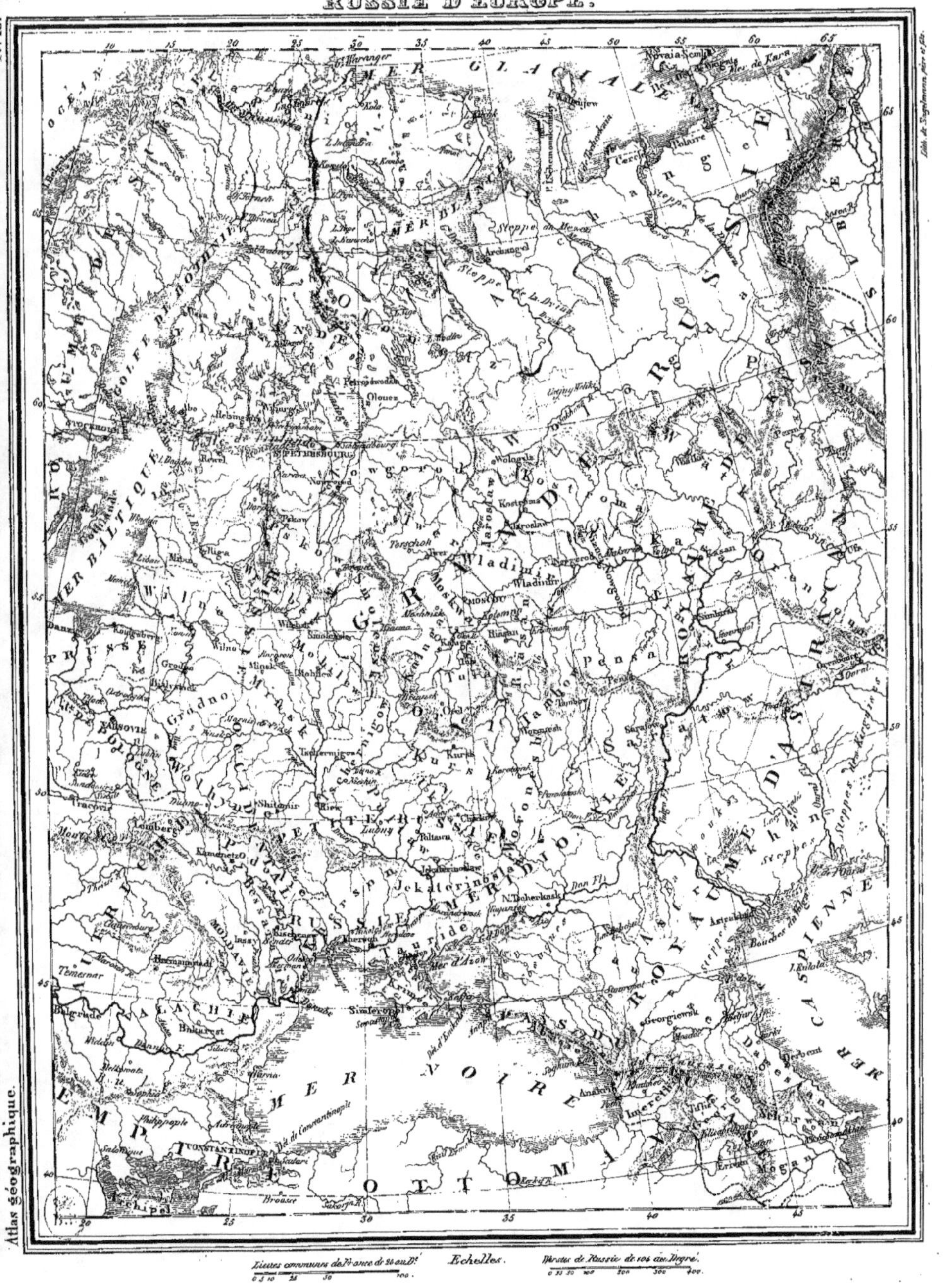

Lieues communes de France de 25 au D.°   Échelles.   Werste de Russie de 104 au Degré.

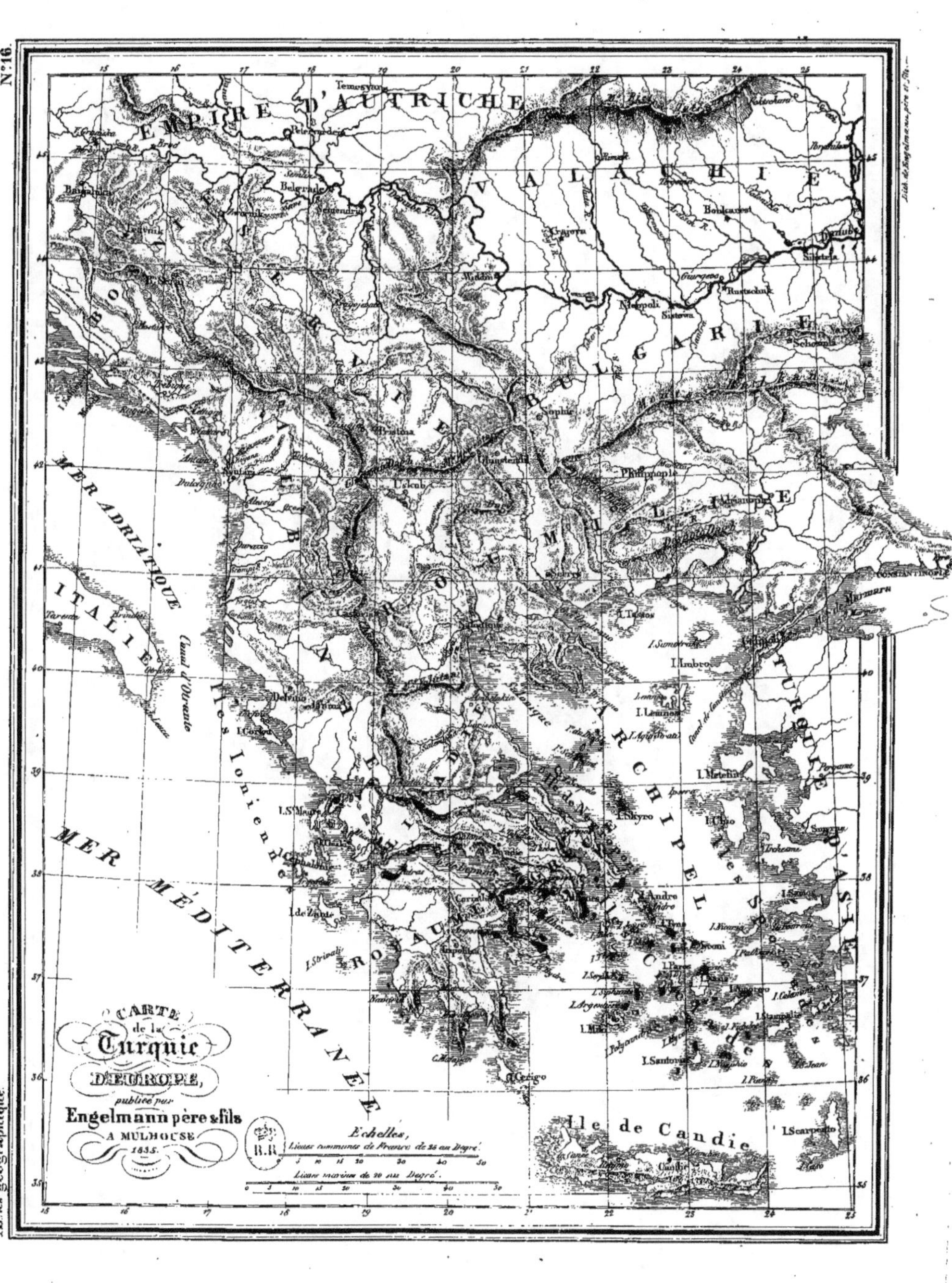

EMPIRE D'AUTRICHE
VALACHIE
BULGARIE
SERVIE
BOSNIE
ROUMELIE
ALBANIE
MACÉDOINE
ARCHIPEL
ROUMELIE
ROYAUME DE GRÈCE
MER ADRIATIQUE
ITALIE
MER MÉDITERRANÉE
Canal d'Otrante
TURQUIE D'ASIE
Temeswar
Belgrade
Semendria
Orsova
Nissa
Widdin
Craiova
Boukarest
Silistria
Gurgevo
Rustschuk
Nicopoli
Sistova
Schumla
Sophie
Philippople
Andrinople
Uskub
Monastir
Salonique
I. Tasso
I. Samothrace
I. Imbro
I. Lemnos
I. Mételin
I. Skyro
I. Chio
I. Samos
Scarpanto
Candie
Île de Candie
Andro
Tino
Négrepont
Athènes
Napoli
Misitra
Coron
Modon
Zante
Céphalonie
I. S.te Maure
I. Corfou
Mer Ionienne
I. Strivali
C. Matapan
Cérigo

CARTE
de la
Turquie
D'EUROPE,
publiée par
Engelmann père & fils
A MULHOUSE
1835.
Échelles,
Lieues communes de France de 25 au Degré.
Lieues marines de 20 au Degré.

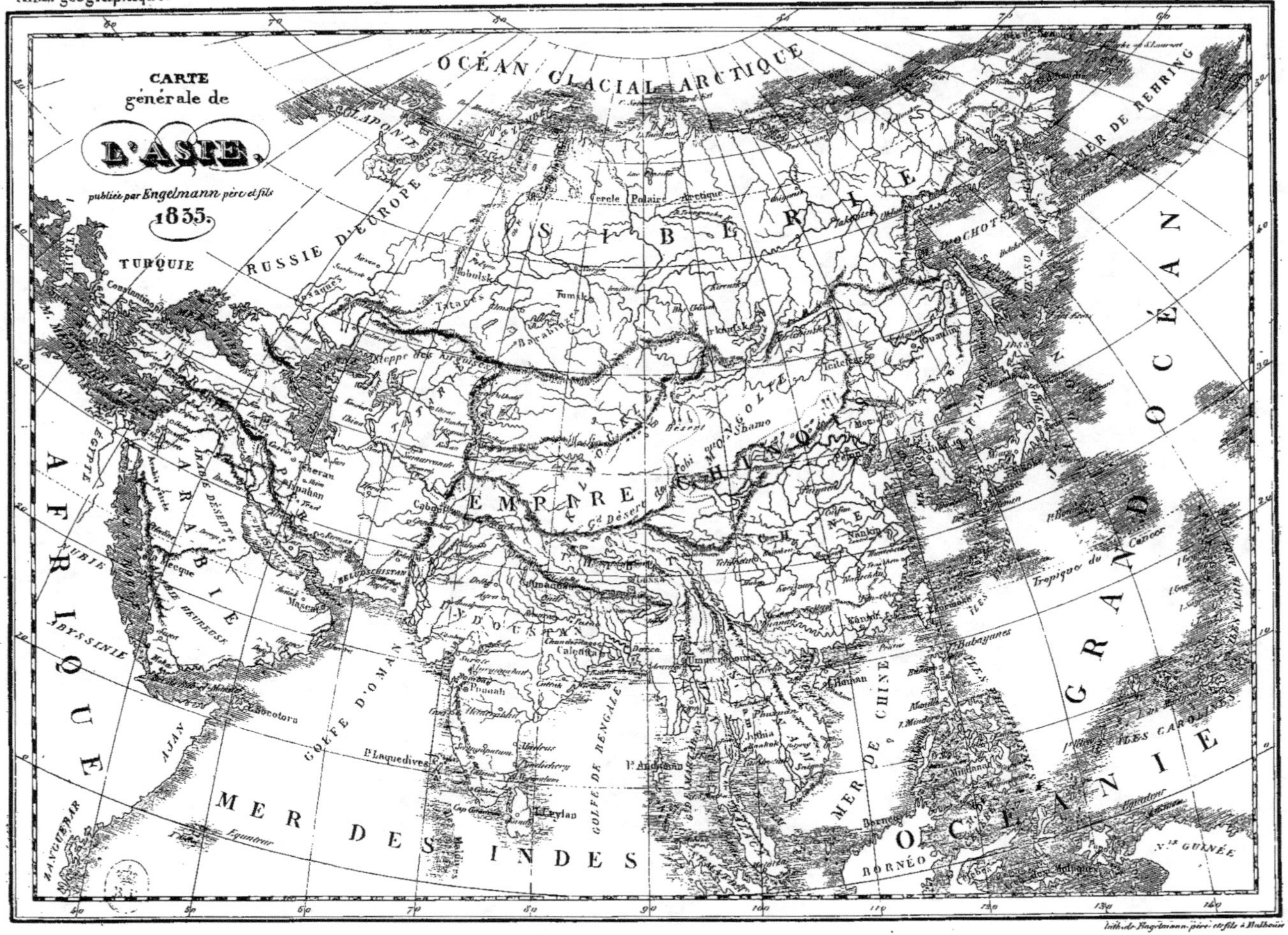

CARTE
générale de
L'ASIE
publiée par Engelmann père et fils
1835.
OCÉAN GLACIAL ARCTIQUE
MER DE BEHRING
LAPONIE
RUSSIE D'EUROPE
Cercle Polaire Arctique
SIBÉRIE
TURQUIE
Constantinople
MER MÉDITERRANÉE
EMPIRE CHINOIS
Gd Désert de Gobi ou Shamo
EGYPTE
ARABIE DÉSERTE
NUBIE
ABYSSINIE
ARABIE
ARABIE HEUREUSE
Masen
BELOUDCHISTAN
Cabaul
Dehli
Agra
INDOUSTAN
Calcutta
Bombay
Punah
AFRIQUE
AJAN
ZANGUEBAR
Equateur
GOLFE D'OMAN
P. Laquedives
Cap Comorin
I. Ceylan
GOLFE DE BENGALE
P. Andaman
MER DES INDES
Tropique du Cancer
MER DE CHINE
Hainan
BORNÉO
OCÉANIE
GRAND OCÉAN
ILES CAROLINES
Nlle GUINÉE
Iles Moluques
Equateur
Lieues communes de France de 25 au Degré.
Mille Marins de 60 au Degré.
Lith. de Engelmann père et fils à Mulhouse

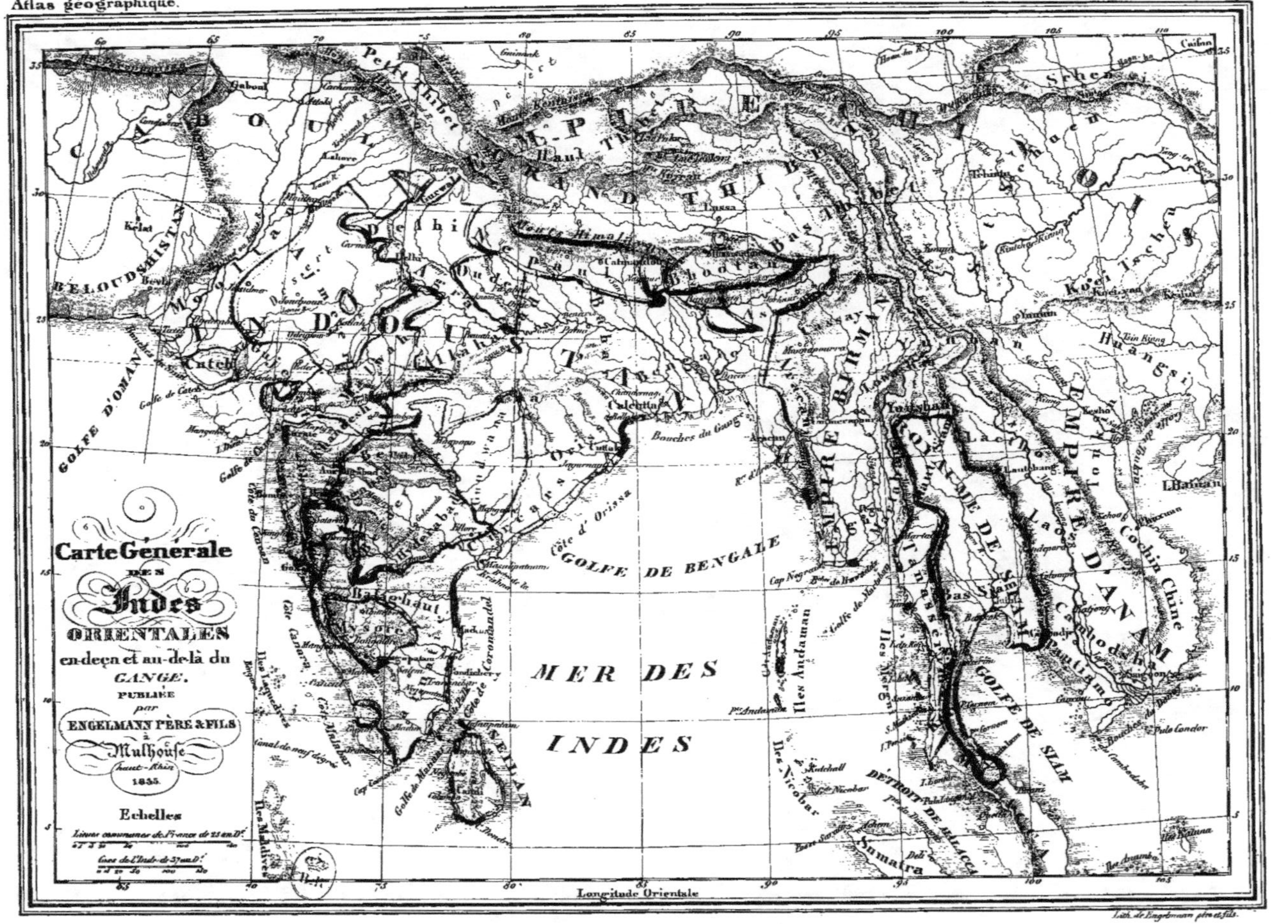

Carte Générale
DES
Indes
ORIENTALES
en deçà et au-delà du
GANGE.
PUBLIÉE
par
ENGELMANN PÈRE & FILS
à
Mulhouse
Haut-Rhin
1835.
Echelles
Longitude Orientale
GOLFE D'OMAN
BELOUDSHISTAN
GOLFE DE BENGALE
MER DES
INDES
Côte d'Orissa
Côte de Coromandel
Côte Canara
Côte Malabar
Côte du Concan
Iles Laquedives
Iles Maldives
Iles Andaman
Iles Nicobar
Iles Mergui
Bouches du Gange
Calcutta
Petit Thibet
GOLFE DE SIAM
DETROIT DE MALACCA
Sumatra
Cochin Chine
Pulo Condor
L. Haïnan
Golfe de Tonkin
Lith. de Engelmann père et fils.

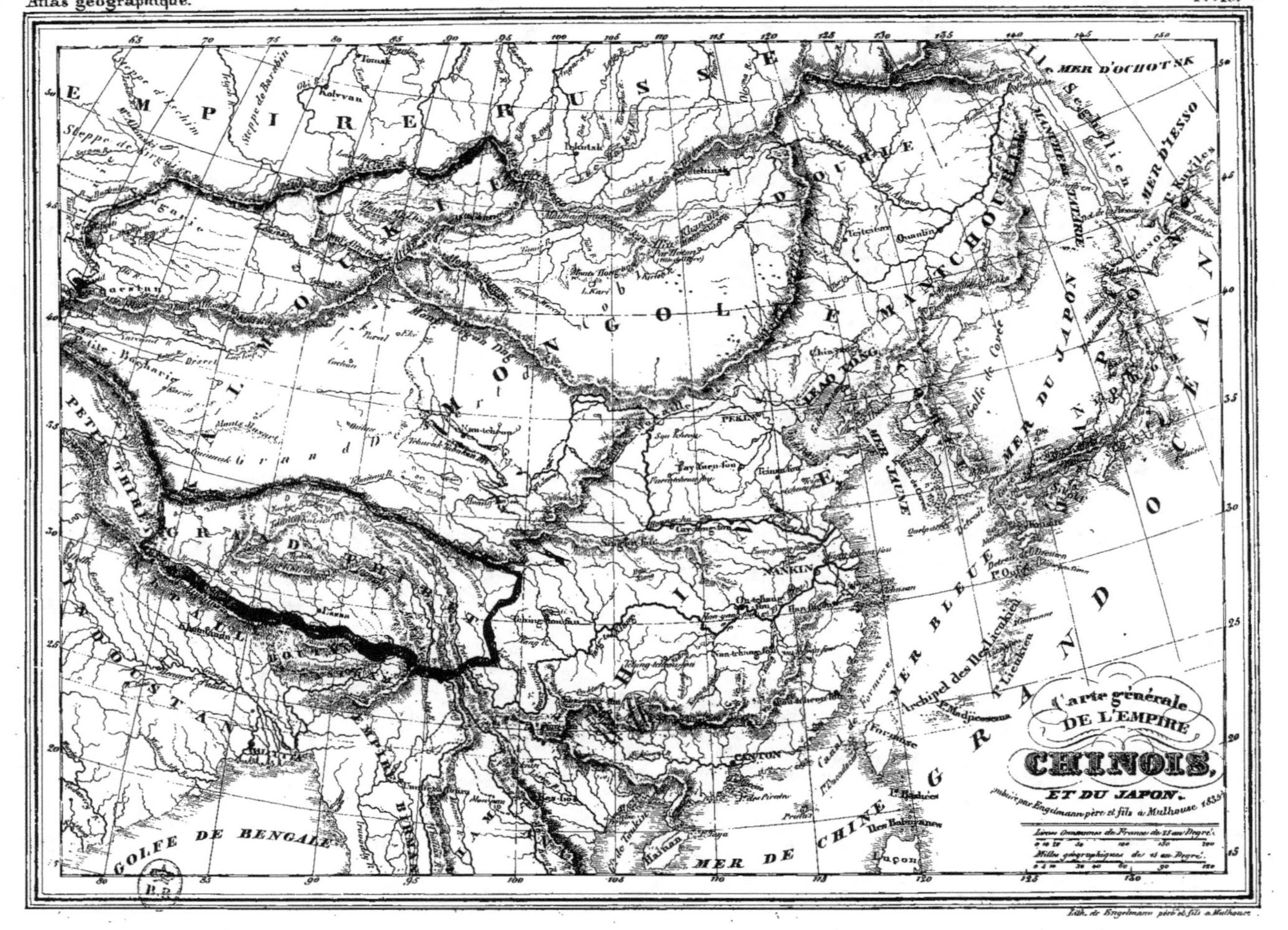
EMPIRE RUSSE
MER D'OCHOTSK
Ile Seghalien
MANTCHOU TATARIE
MER D'JESSO
GOLFE MANTCHOURIE
L'HOU KEN
GOLFE MONGOLIE
DOURIE
OCEAN
PEKING
MER JAUNE
MER DU JAPON
TIBET
NANKING
MER BLEUE
Archipel des Iles Linkiou
PETIT THIBET GRAND
HINDOUSTAN
HI
CANTON
GRAND
Hainan
GOLFE DE BENGALE
MER DE CHINE
Luçon
Carte générale
DE L'EMPIRE
CHINOIS,
ET DU JAPON.
Publié par Engelmann père et fils à Mulhouse 1835.
Lieues communes de France de 25 au Degré.
Milles géographiques de 15 au Degré.
Lith. de Engelmann père et fils à Mulhouse.

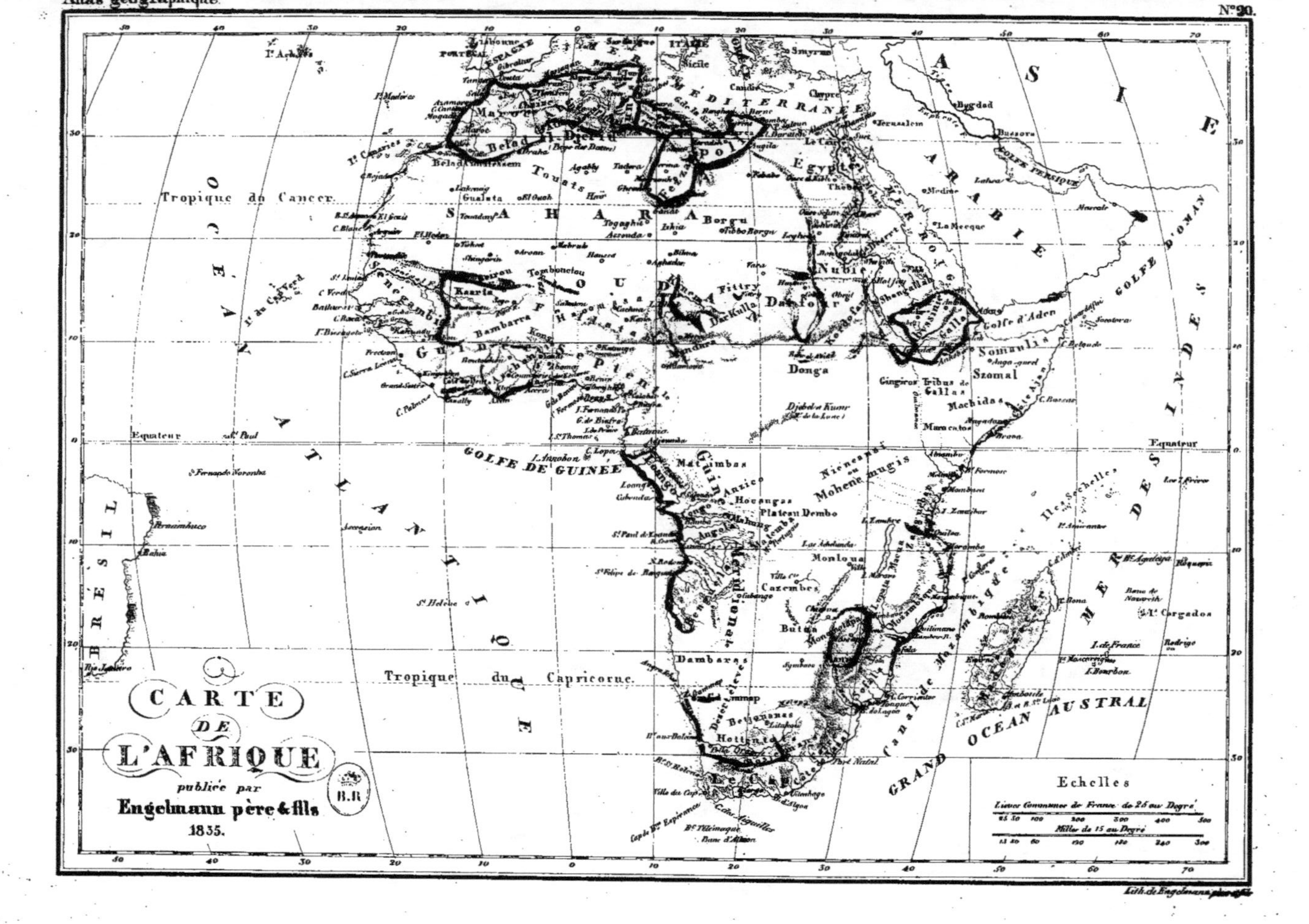

N.° 90.
CARTE DE L'AFRIQUE
publiée par
Engelmann père & fils
1835.
B.R.
Echelles
Lieues Communes de France de 25 au Degré
Milles de 15 au Degré
Lith. de Engelmann
Tropique du Cancer.
Tropique du Capricorne.
Equateur
OCÉAN ATLANTIQUE
GRAND OCÉAN AUSTRAL
MER DES INDES
GOLFE DE GUINÉE
MÉDITERRANÉE
BRÉSIL
ASIE
ARABIE
GOLFE PERSIQUE
GOLFE D'OMAN
Golfe d'Aden
MAROC
Belad el Djerid
SAHARA
Touats
SOUDAN
Tripoli
Fezzan
Egypte
NUBIE
Barbarie
Darfour
Dongola
SÉNÉGAMBIE
Kaarta
Bambarra
GUINÉE SEPTENTRIONALE
Tombouctou
Borgu
Fittry
Donga
Somaulis
Szomal
Tribus de Gallas
Machidas
Gingiro
Loango
Congo
Gimbas
Guinée MÉRIDIONALE
Anzico
Hocangas
Plateau Dembo
Mohene mugis
Nienespe
Iles Séchelles
Cazembe
Montoua
Dambaras
Desert des Caffres
Bechuanas
Hottentots
Le Cap
Canal de Mozambique
I. de France
I. Bourbon
Mascareigne
Rodrigue
H.s Cargados
Banc de Nazareth
Lisbonne
PORTUGAL
ESPAGNE
ITALIE
Sicile
Candie
Chypre
Smyrne
Jérusalem
Le Caire
Thèbes
La Mecque
Médine
Mascate
Bussora
Bagdad
Lahsa
Socotora
I.s Canaries
I.s du Cap Verd
Ste Hélène
I. de l'Ascension
Fernando Noronha
Pernambuco
Bahia
Rio Janeiro
Equateur

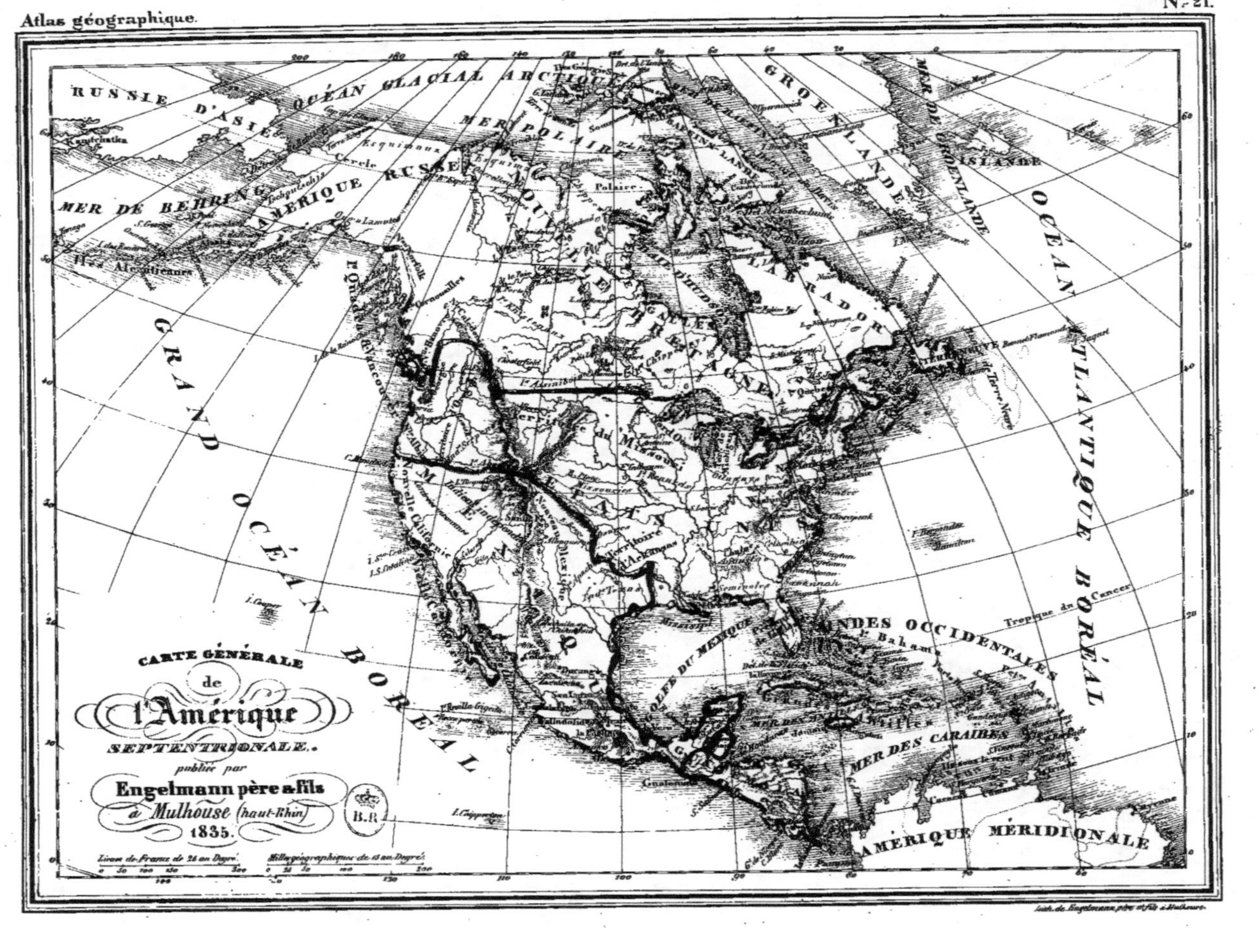
RUSSIE D'ASIE
OCÉAN GLACIAL ARCTIQUE
MER POLAIRE
GROENLANDE
MER DE GROENLANDE
OCÉAN ATLANTIQUE BORÉAL
MER DE BEHRING
AMÉRIQUE RUSSE
Iles Aléoutiennes
GRAND OCÉAN BORÉAL
LABRADOR
NOUVELLE BRETAGNE
ÉTATS-UNIS
MEXIQUE
Nouveau Mexique
GOLFE DU MEXIQUE
INDES OCCIDENTALES
I. Bahama
Tropique du Cancer
MER DES CARAIBES
AMÉRIQUE MÉRIDIONALE
CARTE GÉNÉRALE
de
l'Amérique
SEPTENTRIONALE.
publiée par
Engelmann père & fils
à Mulhouse (haut-Rhin)
1835.
B.R
Lieux de France de 25 au Degré.
Mille géographique de 15 au Degré.
Lith. de Engelmann, père et fils à Mulhouse.

N° 92.
Atlas géographique.
MER DES CARAÏBES
OCÉAN ATLANTIQUE ÉQUINOXIAL
Equateur
RÉPUBLIQUE DE COLOMBIE
EMPIRE DU BRÉSIL
RÉPUBLIQUE DU PÉROU
BOLIVIA
GRAND OCÉAN AUSTRAL OU MER PACIFIQUE
OCÉAN ATLANTIQUE AUSTRAL
Tropique du Capricorne
RÉPUBLIQUE ARGENTINE
RIO DE LA PLATA
PATAGONIE
CARTE GÉNÉRALE
de
L'AMÉRIQUE
méridionale.
PUBLIÉE PAR
ENGELMANN PÈRE & FILS
à Mulhouse
(haut-Rhin)
1835.
Lieues de France de 25 au Degré.
Milles géographiques de 15 au Degré.

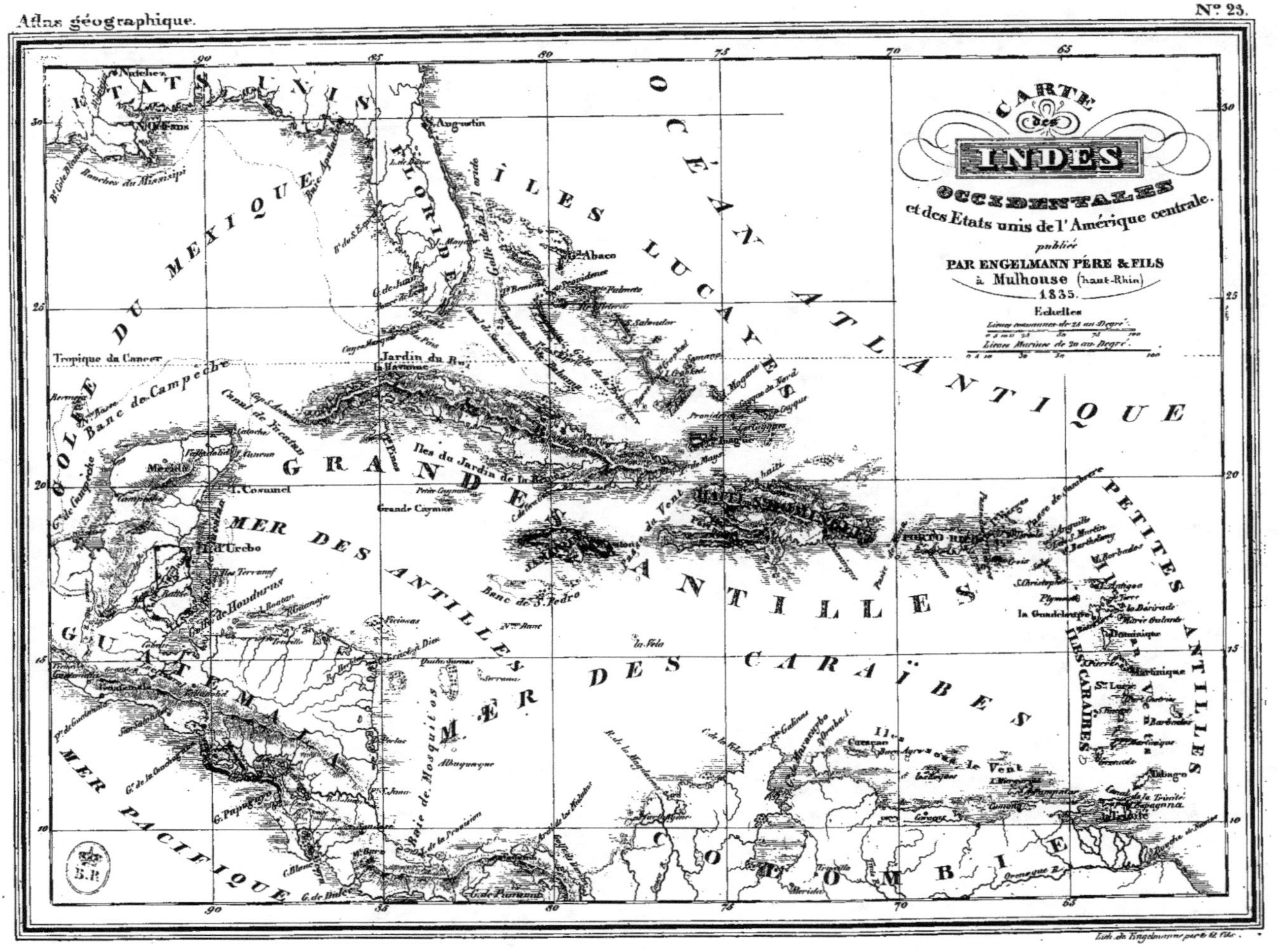
CARTE des INDES OCCIDENTALES
et des Etats unis de l'Amérique centrale.
publiée
PAR ENGELMANN PÈRE & FILS
à Mulhouse (haut-Rhin)
1835.
Echelles
Lieues communes de 25 au Degré
Lieues Marines de 20 au Degré
Lith. de Engelmann père & fils.
ÉTATS UNIS
OCÉAN ATLANTIQUE
GOLFE DU MEXIQUE
FLORIDE
ÎLES LUCAYES
GRANDES ANTILLES
PETITES ANTILLES
ILES CARAÏBES
MER DES ANTILLES
MER DES CARAÏBES
MER PACIFIQUE
GUATIMALA
COLOMBIE
Tropique du Cancer
Banc de Campêche
Canal de Yucatan
Jardin du Roi
la Havane
Iles du Jardin de la Reine
Grande Cayman
Banc de S. Pedro
Baie de Mosquitos
Albuquerque
HAÏTI
PORTO-RICO
la Guadeloupe
Dominique
Martinique
S. Lucie
Barbades
Grenade
Tobago
Natchez
N. Orléans
Bouches du Mississipi
S. Augustin
Cap S. Antonio
Mérida
I. Cozumel
I. d'Urubu
G. de Honduras
Roatan
la Vela
Natchez

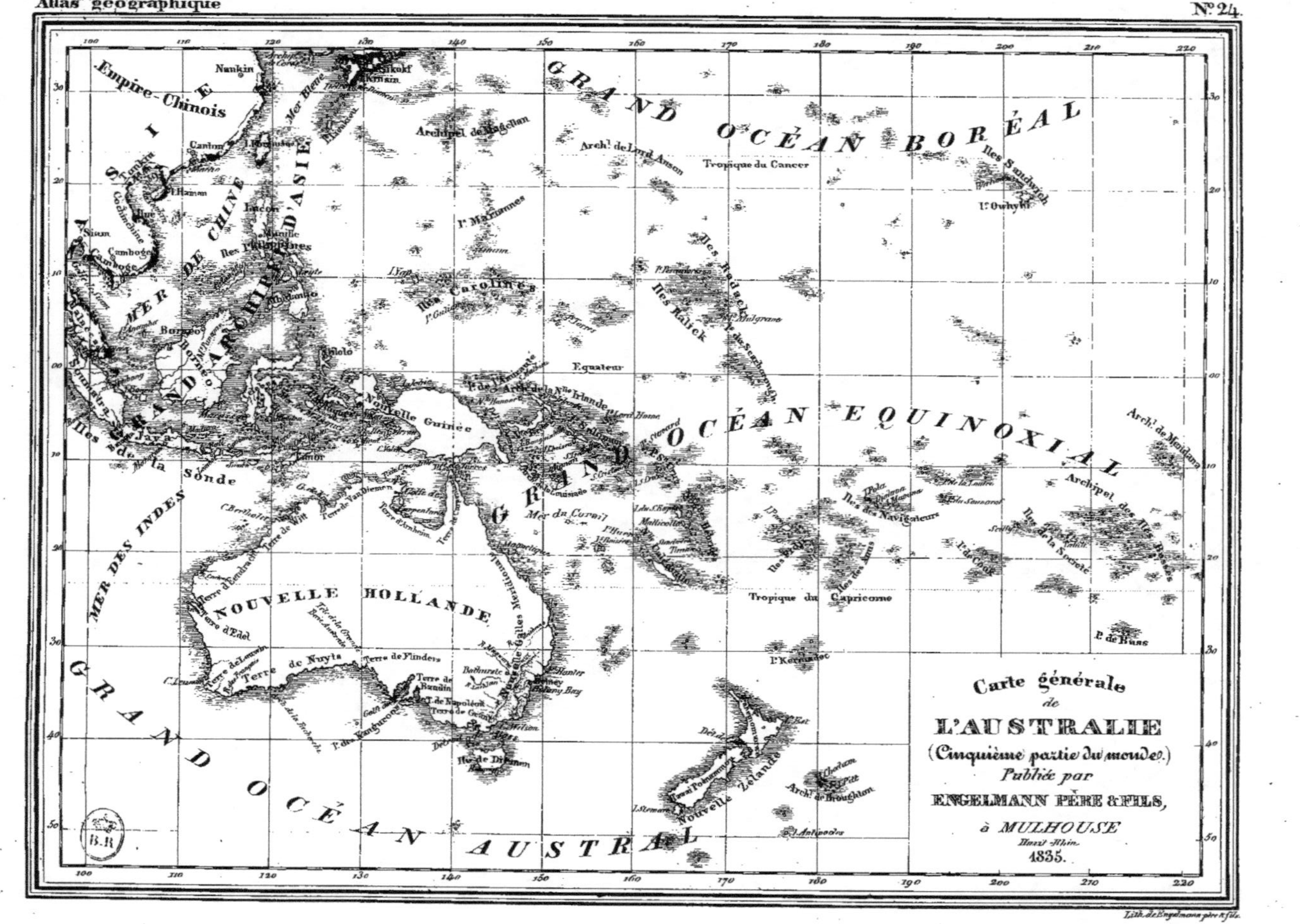
Empire-Chinois
GRAND OCÉAN BORÉAL
Nankin
Canton
Iles Philippines
GRAND ARCHIPEL D'ASIE
MER DE CHINE
Archipel de Magellan
Arch. de Lord Anson
Tropique du Cancer
Iles Sandwich
I. Owhyhi
I. Mariannes
Iles Radack
Iles Ralick
Iles Carolines
Equateur
Nouvelle Guinée
GRAND OCÉAN EQUINOXIAL
Arch. de Mendana
Iles des Navigateurs
Archipel des Iles Basses
Iles de la Société
MER DES INDES
Iles de la Sonde
Terre Van Diemen
Terre d'Arnhem
Mer du Corail
Tropique du Capricorne
P. de Buss
I. Kermadec
NOUVELLE HOLLANDE
Terre d'Edel
Terre de Nuyts
Terre de Flinders
GRAND OCÉAN AUSTRAL
Nouvelle Zélande
Arch. de Broughton
I. Antipodes

Carte générale
de
L'AUSTRALIE
(Cinquième partie du monde.)
Publiée par
ENGELMANN PÈRE & FILS,
à MULHOUSE
Haut Rhin.
1835.

Lith. de Engelmann père & fils.

www.ingramcontent.com/pod-product-compliance
Lightning Source LLC
Chambersburg PA
CBHW061325060726
47596CB00003B/1087